Love
I love you

I ♥ u

LOVE

LOVE ME
KISS ME

Love

YOU
Love

home
sweet
home

Love You

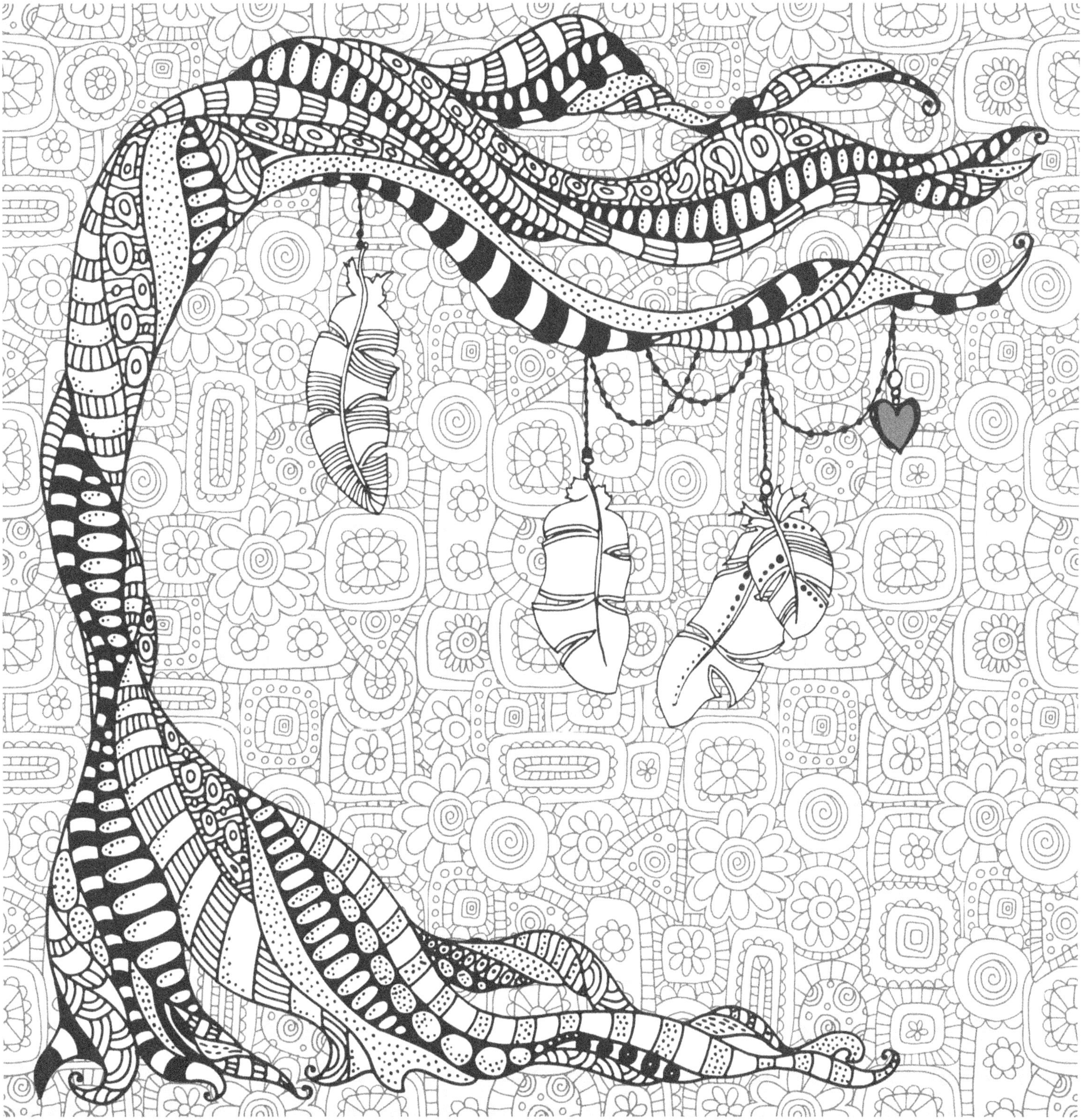

Love

Happy
Valentine

I U
Happy Valentine's Day!

LOVE

for my
love

LOVE

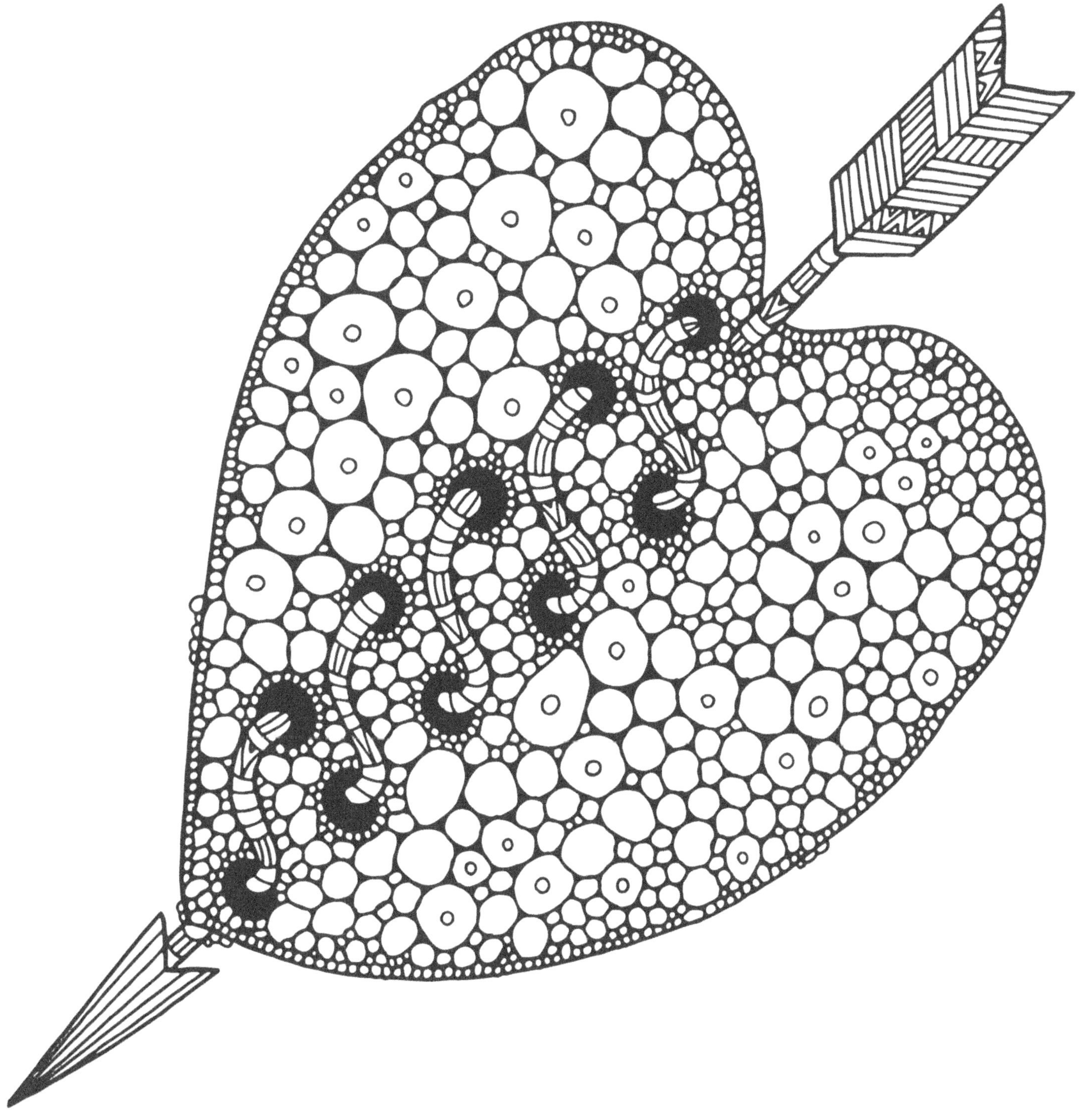

HAPPY
VALENTINE'S
DAY!
I LOVE
YOU

www.ingramcontent.com/pod-product-compliance
Lightning Source LLC
Chambersburg PA
CBHW081508080526
44589CB00017B/2692
9781773800493